W0053790

RONDO

Arbeitsheft 7

Autoren

Michael Christoph
Christian Crämer
Antje Gospodar
Wolfgang Junge
Sabine Schaal
Tobias Schmider
Jossif Schmidt

Notensatz

Susanne Höppner

Illustrationen

Benjamin König
Achim Schulte

Mildenberger

1. Bilde aus den Rhythmusbausteinen ein Computer-Rhythmical. Überlege dir dazu auch zwei eigene Begriffe, die du rhythmisch gestaltest.

Rhythmusbausteine

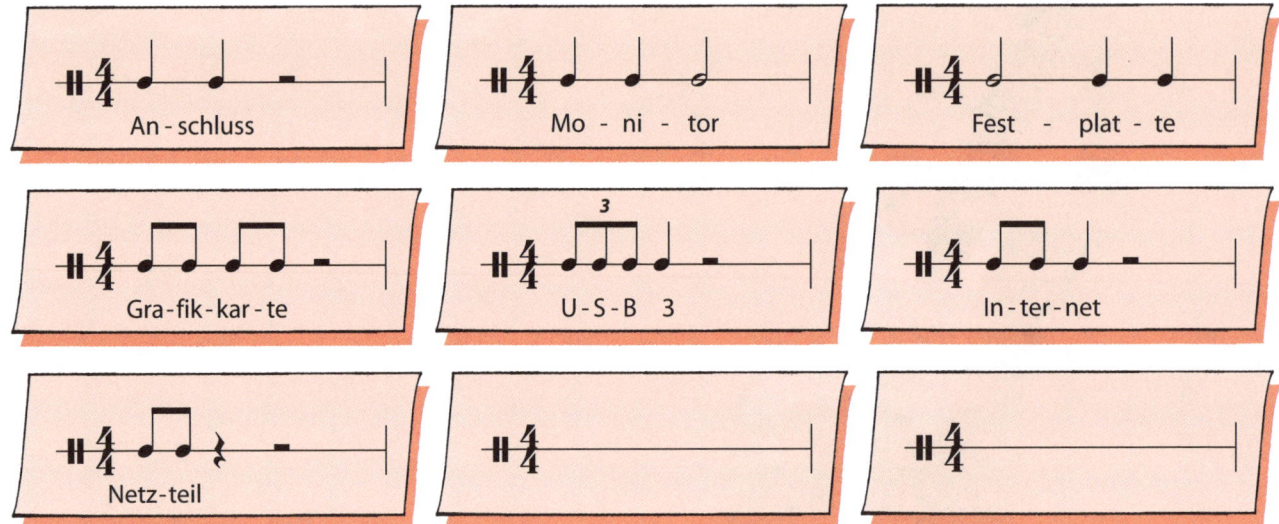

2. Entscheide frei, welche Rhythmusbausteine du für die Strophe gebrauchst und welche für den Bordun, und bringe sie in eine Abfolge deiner Wahl.

Strophe

Bordun

3. Gestalte dein Computer-Rhythmical dynamisch und füge f, p, < und > hinzu.

Schütze dein Gehör!

1. Besorge dir einen Schallpegelmesser oder nutze eine App zur Schallpegelmessung (→ Schülerbuch Seite 10 Aufgabe 4).

2. Suche dir einen Ort (z. B. Sportplatz, Einkaufszentrum, Wohngegend, Straßenkreuzung, Schwimmbad) aus, an dem du unterschiedliche Geräuschpegel erwartest.

3. Trage die Geräuschquellen, die du hörst, in die Tabelle ein.

4. Miss die Lautstärke der Geräuschquellen und trage die Ergebnisse ebenfalls in die Tabelle ein.

5. Färbe die letzte Spalte der Tabelle entsprechend des Belastungsgrads.

Geräusche-Tabelle

Geräuschquelle	Lautstärke in dB	Grad der Belastung

Dezibel-Pegel und die Belastung für das Gehör

Dezibel-Pegel	10 bis 50 dB	60 bis 80 dB	90 bis 110 dB	120 bis 130 dB
Grad der Belastung				

- in der Regel normale Belastung für das Gehör
- leichte Belastung für das Gehör
- bei längerfristiger Einwirkung gefährliche Belastung für das Gehör
- schon bei einmaliger Einwirkung können Gehörschäden entstehen

6. Schreibe zu den in der Tabelle aufgelisteten belastenden oder gefährlichen Geräuschquellen mögliche Strategien auf, die zum Schutz des Gehörs beitragen können.

_____

_____

7. Vergleiche deine Ergebnisse der Aufgaben 5 und 6 mit einem Partner. Sind die Strategien zum Schutz des Gehörs umsetzbar? Gibt es noch weitere? Tauscht euch darüber aus.

Lies die Texte und ordne sie den Bildern zu, indem du die passenden Buchstaben in die leeren Kästchen einträgst.

☐ **Schalmei**

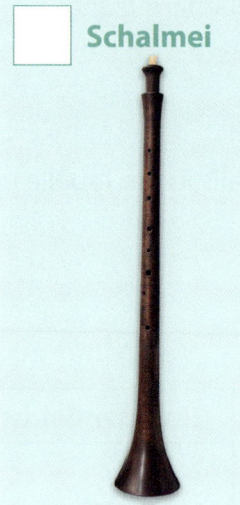

A Dieses Instrument ist laut, hat einen Sack (Windbalg) als Luftspeicher, ein Mundrohr zum Auffüllen mit Luft und eine Melodiepfeife mit Löchern, um verschiedene Töne erklingen zu lassen. Es wird auch Sackpfeife genannt. Oft hat es noch sogenannte Bordune ohne Löcher für den Grund- oder Quintton, der immer mitklingt. Der Druck des Arms auf den Windbalg bestimmt die Lautstärke.

B Sie gehört zu den Lauteninstrumenten und wird mit einem Bogen gestrichen. Anders als bei Violinen ist ihr Steg flach, sodass beim Anstrich mehrere Saiten gleichzeitig erklingen können. Dies sind die Borduntöne. Sie war das wichtigste Instrument der Minnesänger. Zum Spielen setzte man sie entweder auf die linke Schulter oder hielt sie vor der Brust.

C Sie ist der Vorläufer der Oboe und daher ein Holzblasinstrument mit einem Doppelrohrblatt als Mundstück. Sie ist schlank gebaut, hat Grifflöcher und einen schnarrenden, näselnden Klang. Das Rohr wird bis zur Lippenstütze in den Mund gesteckt, um die Lippen zu entlasten.

☐ **Trommel**

☐ **Flöte**

D Sie wurde auch schon im Mittelalter entweder quer oder längs gespielt. Sie gehört zu den Holzblasinstrumenten, obwohl sie auch aus Knochen oder Ton hergestellt wurde. Längs wird durch einen Schnabel oder einen Rand gespielt, quer durch ein Anblasloch. Sie wurde auch einhändig gespielt, während die andere Hand mit einer Trommel begleitete.

☐ **Dudelsack**

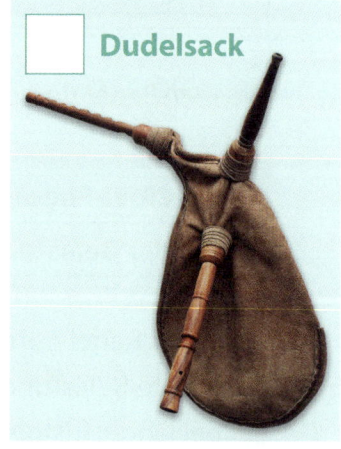

E Sie ist eines der ältesten Instrumente der Menschheit. Eine gespannte Membran aus Pergament oder Tierfell wird durch Schlagen oder Reiben zum Klingen gebracht. Es gibt sie in verschiedenen Größen. Sie sind für den Rhythmus zuständig, eine genaue Tonhöhe gibt es nicht. Unterschiedliche Größen sorgen dafür, dass sie transportabel sind und z. B. an der Körperseite getragen werden können.

☐ **Fidel (oder Fiedel)**

1. Trage die lateinischen Wörter passend ein.

Die Messe der katholischen Kirche folgt einem festen Ablauf. Zunächst zieht der Priester in die

Kirche ein und begrüßt die versammelte Gemeinde. Alle sprechen nun das Schuldbekenntnis,

das daran erinnert, dass jeder Mensch manchmal falsch handelt. Anschließend wird Gott um

seine Vergebung und Barmherzigkeit gebeten, er möge den Menschen also ihre Fehler verzei-

hen und Mitleid (Erbarmen) zeigen. Dies ist das _____.

Es folgt ein feierlicher Gesang, der Gottes Herrlichkeit lobt, das _____.

Dann werden Teile aus der Bibel vorgelesen und die Predigt (Rede des Priesters) wird gehalten.

Meist wird hier erklärt, wie Menschen, die an Gott glauben, handeln sollten. Um diesen Glauben

zu bestätigen, folgt das Glaubensbekenntnis, das _____.

In den Fürbitten formuliert die Gemeinde Wünsche an Gott. Die darauf folgende Eucharistiefeier

erinnert an das letzte Abendmahl von Jesus Christus, das er mit seinen Jüngern einnahm, bevor

er zum Tode verurteilt und gekreuzigt wurde. Der Priester wäscht sich hierfür die Hände, und

Wein und Brot (Hostien) werden als Gaben zum Altar gebracht. Es folgt die Heilige Wandlung:

Die Katholiken glauben, dass durch die heiligen Worte der Wandlung das Brot zum Leib Christi

und der Wein zum Blut Christi werden, und die Gemeinde singt das _____.

Nun wird die Kommunion gefeiert: Das Brot wird symbolisch gebrochen (geteilt), und alle dan-

ken dem Lamm Gottes (Symbol für Christus) für seine Opferbereitschaft und die Vergebung der

Sünden der Menschen und bitten um Frieden. Das ist das _____.

Jeder nimmt nun einen Schluck Wein und eine Hostie zu sich und betet still. Es folgen ein ge-

meinsames Schlussgebet, der Segen und die Entlassung der Gemeinde durch den Priester.

Fünf feststehende Teile, die während der Messe musiziert und gesungen werden

Credo (ich glaube)   Gloria in excelsis Deo (Ehre sei Gott in der Höhe)   Agnus Dei (Lamm Gottes)

Sanctus (heilig)   Kyrie eleison (Herr, erbarme dich unser)

2. Tauscht euch in der Klasse über Rituale und Musik in anderen Religionen aus.

1. Lies die Textabschnitte und bringe sie in die richtige Reihenfolge, indem du die Buchstaben A bis G in die leeren Kästchen einträgst.

Zuerst prüfst du, um welche Downloads es sich handelt, auf die sich die Unterlassungserklärung bezieht.

Dann wendest du dich an die Verbraucherzentrale oder an einen Rechtsanwalt, der den Sachverhalt prüft.

Du rufst auch nicht vorschnell in der Anwaltskanzlei an, die das Schreiben geschickt hat.

Du erhältst von einer Anwaltskanzlei per Post eine Abmahnung, in der du aufgefordert wirst, eine Unterlassungserklärung zu unterschreiben. Außerdem sollst du die Anwaltskosten übernehmen und eine Schadensersatzforderung zahlen.

Mithilfe der Verbraucherzentrale oder des Rechtsanwalts formulierst du die Unterlassungserklärung um, die du dann an die Anwaltskanzlei versendest.

Du zahlst höchstens den Geldbetrag, der zwischen der Verbraucherzentrale oder deinem Rechtsanwalt und der gegnerischen Anwaltskanzlei ausgehandelt wird.

Die geforderte Geldsumme zahlst du nicht vorschnell.

2. Informiere dich, welche Verbraucherzentrale in deiner Nähe liegt, und notiere die Kontaktdaten.

_____

_____

_____

_____

3. Recherchiere im Internet, aus welchen drei Punkten sich eine Abmahnung zusammensetzt.

Punkt 1: _____

Punkt 2: _____

Punkt 3: _____

1. Lies die Liedtexte der britischen, französischen, amerikanischen und deutschen Nationalhymne im Schülerbuch und trage deren wesentlichen Aussagen in die folgende Tabelle ein.

Großbritannien	

Frankreich	

USA	

Deutschland	

2. Vergleiche die Aussagen miteinander und tausche dich darüber mit einem Partner aus.

3. Höre die Nationalhymnen und beschreibe ihre gemeinsamen musikalischen Merkmale (Instrumentation, Form, Melodieverlauf, Dynamik, Tempo).

1. Finde heraus, welchen Einfluss die Taktart auf eine Melodie haben kann. Schreibe dazu das Lied „Pesen za gaidarcheto" in einen 4/4-Takt um. Orientiere dich dabei am ersten Takt, dem Text und dem 4/4-Puls. Verwende verschiedene Notenwerte, um vollständige 4/4-Takte zu gestalten.

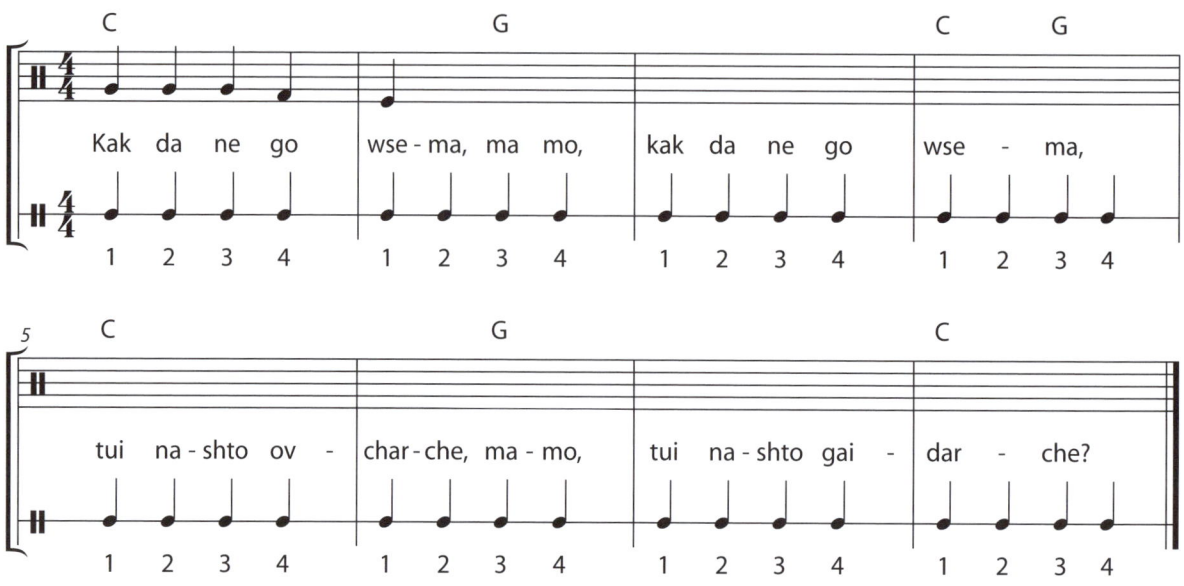

Text und Melodie: Theodosii Spassov

2. Spielt euch gegenseitig eure Kompositionen vor und reflektiert eure Ergebnisse. Wie verändert sich der Charakter des Lieds durch den 4/4-Takt?

3. Schreibe die ersten acht Takte der „Ode an die Freude" in einen 7/8-Takt um und spiele sie deinen Mitschülern vor.

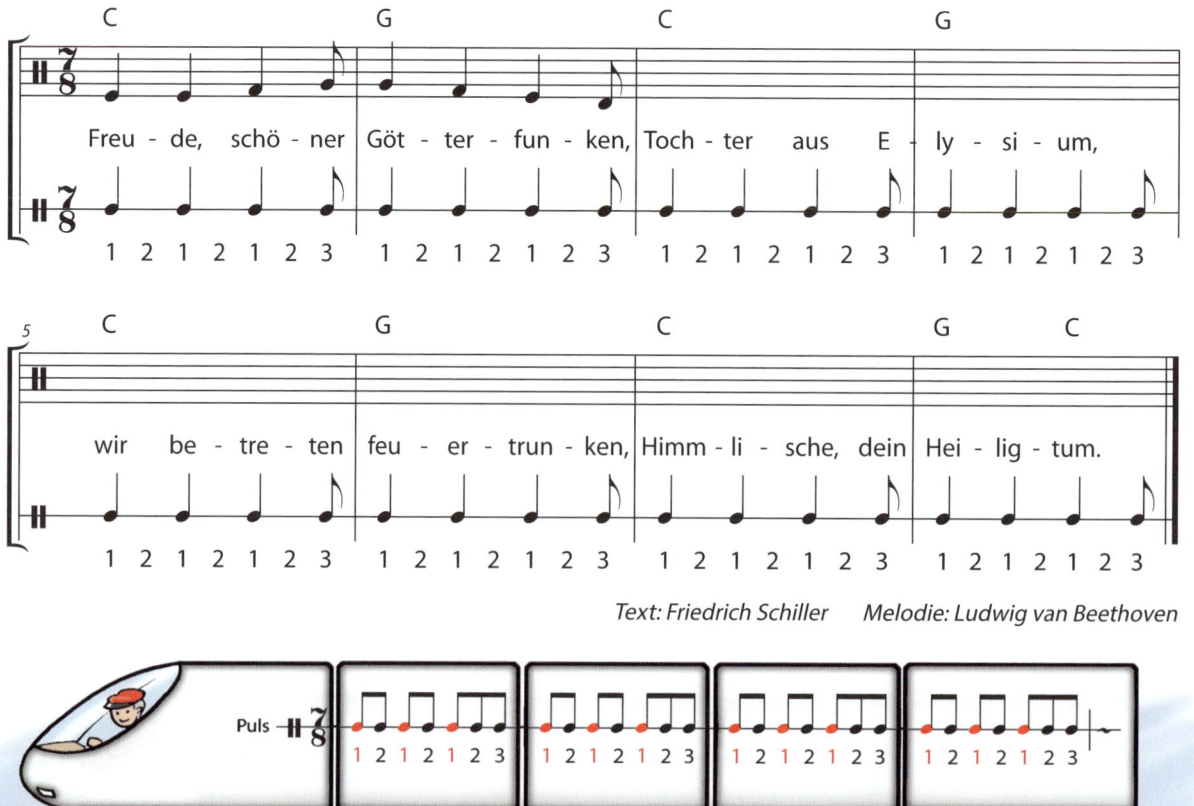

Text: Friedrich Schiller   Melodie: Ludwig van Beethoven

1. Bringe die Töne der ersten vier Takte des Lieds „Mome Kalino" in eine aufsteigende Reihenfolge. Bilde daraus die Hijaz-Tonleiter, die typisch für Lieder aus dem Balkan ist. Beginne mit c und ende eine Oktave höher mit c'.

2. Schreibe die Intervalle unter die Hijaz-Tonleiter.

1. Na - zad, na - zad, mo - me Ka - li - no,

Text und Melodie: volkstümlich

Hijaz-Tonleiter

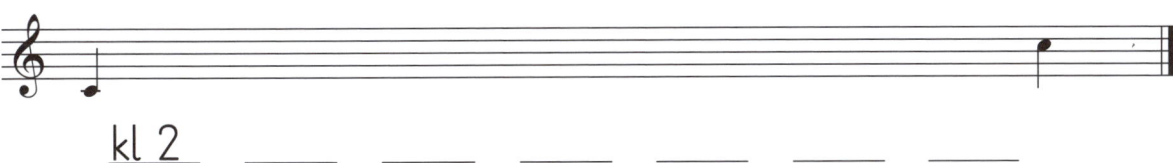

kl 2 ___ ___ ___ ___ ___ ___

kl 2 = kleine Sekunde
gr 2 = große Sekunde
kl 3 = kleine Terz

3. Transponiere die Hijaz-Tonleiter von C nach G und schreibe wieder die Intervalle darunter.

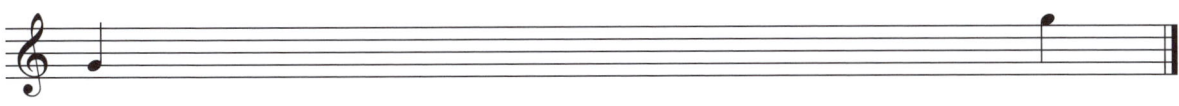

4. Komponiere eine Melodie mit der G-Hijaz-Tonleiter im 7/8- oder 4/4-Takt und spiele sie deinen Mitschülern vor.

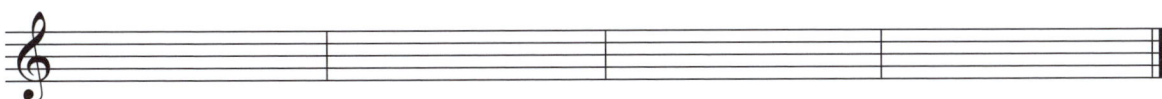

Musik aus Afrika

1. Probiere die verschiedenen Klänge auf einer Djembe oder Conga aus und ordne den Klangbeschreibungen das jeweils passende Notensymbol und die jeweils passende Abbildung zu.

A **Open Tone**
weicher, mittlerer Klang •  •

B **Bass**
tiefer, kräftiger Klang • 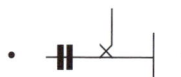 •

C **Slap**
harter, hoher Klang •  •

2. Beschreibe die afrikanischen Instrumente mithilfe der Tabelle und recherchiere bei Bedarf im Internet. Recherchiere ein weiteres afrikanisches Instrument und trage die gesammelten Informationen in die Tabelle ein. Zeichne das Instrument oder finde ein passendes Foto.

Name des Instruments	Herkunft	Art des Instruments	Materialien und Bauweise	Klang und Spielweise

3. Suche im Internet nach einem afrikanischen Hit und trage die Informationen, die du dazu findest, in den Steckbrief ein.

Steckbrief: Wie klingt afrikanische Popmusik?

Titel des Songs: _____

Interpret: _____

Erscheinungsjahr: _____

Herkunftsland: _____

Die Musik klingt für mich wie _____

_____ .

Ich habe den Song ausgewählt, weil _____

_____ .

Die Musik gefällt mir _____ , weil _____

_____ .

Die Musik klingt für mich afrikanisch, weil

☐ typisch afrikanische Instrumente wie die Djembe zu hören sind.

☐ die typisch afrikanische Gestaltung des Wechselgesangs (Call and Response) zu hören ist.

☐ rhythmische Elemente einen sehr tanzbaren Groove bilden.

☐ _____

_____

1. Schreibe die passenden Instrumentennamen unter die Bilder.

Kendang   Kenong   Slentem   Gambang   Kempul

2. Lies die Texte und ordne sie den Bildern zu, indem du die passenden Buchstaben in die leeren Kästchen einträgst.

Das Instrument ist mit Bronzeplatten bestückt. Die Platten sind mit Schnüren über den Resonanzröhren aus Bambusrohr befestigt. Es wird mit einem Holzhammer gespielt.

Das Instrument ist ein kleiner, hoch klingender Gong, der das Aussehen eines Topfes hat. Das Instrument ist in einem Rahmen befestigt, der mit Blumen- und Blattmustern verziert ist. Es wird mit Stöcken geschlagen. Der Spieler schlägt damit oben auf den Buckel.

Das Instrument besteht aus einer Anzahl von hängenden Gongs. Es wird mit einem gepolsterten Holzhammer geschlagen. Dieses Instrument strukturiert das Musikstück.

Das Instrument reguliert den Rhythmus. Es wird mit den Händen gespielt. Es kann auf beiden Seiten geschlagen werden. Dieses Instrument gibt es in unterschiedlichen Größen.

Das Instrument ähnelt einem Xylofon. Die Stäbe bestehen meist aus Teakholz. Sie sind auf einem Holzkasten montiert. Gespielt wird das Instrument mit einem Schlägel.

1. Spielt den Jig (irischer Tanz) „Hunting The Hare" auf Instrumenten eurer Wahl.

aus Irland

2. Vergleiche den Jig mit dem Reel aus dem Schülerbuch und beschreibe die Unterschiede.

Merkmale	The Fairy Dance	Hunting The Hare
Taktart		
Tonart		
Formteilfolge		

Die Form des Rondos

1. Betrachte die Noten des „Te Deum" und notiere, welche Takte jeweils einen Formteil ergeben.

A	B	A	C	A
T.1 mit Auftakt bis T.8	_____	_____	_____	T.1 mit Auftakt (T. 32) bis T.8

Te Deum

Marc-Antoine Charpentier, Arrangement: Christian Crämer

2. Fülle den Lückentext aus.

Marc-Antoine Charpentier war ein Komponist des _____. Das _____ ist

eine für die Barockmusik typische _____. Wie an einer Kette wechseln sich ein immer

wiederkehrendes Ritornell (Formteil _____) mit immer variierenden Couplets (Form-

teile _____) ab.

Kettenrondo   B, C, D   Barock   A   Rondoform

3. Spiele das „Te Deum", das auch als „Eurovisionshymne" im Fernsehen bekannt wurde, gemeinsam mit anderen.

1. Ordne die Instrumente den Kategorien auf der rechten Seite zu. Achtung: Manche Instrumente kannst du mehreren Kategorien zuordnen.

Geige

Saz

Klavier

Orgel

Trompete

Keyboard

E-Drumset

Cello

Klarinette

Posaune

Querflöte

Gitarre

Pauken

Tamburin

Xylofon

2. Erkläre, warum manche Instrumente (z. B. die Geige) in mehrere Kategorien passen.

_____

_____

_____

_____

_____

_____

3. Kategorisiere auch andere Instrumente, die du im Schülerbuch findest, und trage sie hier ein.

Tasteninstrumente

_____

_____

_____

Klassische Orchesterinstrumente

_____

_____

_____

Fellklinger (Membranofone)

_____

_____

_____

Streichinstrumente

_____

_____

_____

Zupfinstrumente

_____

_____

_____

Luftklinger (Aerofone)

_____

_____

_____

Saitenklinger (Chordofone)

_____

_____

_____

Selbstklinger (Idiofone)

_____

_____

Holzblasinstrumente

_____

_____

_____

_____

Elektronische Instrumente (Elektrofone)

_____

_____

Familie der Violinen

_____

_____

_____

Blechblasinstrumente

_____

_____

_____

Schlaginstrumente

_____

_____

_____

1. Trage die passenden Instrumentennamen und Kategorien in die Tabelle ein. Recherchiere bei Bedarf im Internet.

	Instrumentenname	Instrumentenkategorie

Maultrommel   Ansingtrommel   Schüttelidiofon   Zambomba   Reibtrommel

Kazoo   mehrtöniges Aufschlagidiofon   Zimbeln   Schlagtrommel   Glockenspiel

Gegenschlagidiofon   Eggshaker   Zupfidiofon   Snare Drum

2. Wähle zwei Instrumente aus, informiere dich über ihren Klang und ihre Spielweise und vergleiche sie miteinander. Was ist gleich, ähnlich, anders?

_____

_____

_____

Lies die Texte des 11. Kapitels im Schülerbuch und beantworte
die folgenden Fragen.

A Wie heißt der Erfinder des Phonographen?

_____

_____

B Welches Gerät wurde 1887 von Emil Berliner erfunden?

_____

C Welche technische Erneuerung ermöglichte die Massenproduktion der Schallplatte?

_____

_____

_____

D Welche Vorteile hat die Musikkassette gegenüber dem Tonbandgerät?

_____

_____

_____

E Erkläre den Begriff Digitalisierung.

_____

_____

_____

F Welche Vorteile hat die CD gegenüber der Musikkassette?

_____

_____

G Beschreibe die Vorteile des MP3-Formats.

_____

_____

_____

Höre die Moritat von „Mayerling" und trage die Wörter passend ein.

Jagdschloss Mayerling

Rudolf, der _____ von Österreich-
Ungarn, war mit Stephanie, der Tochter des
belgischen Königs, verheiratet. Doch schon bald
führte Rudolfs ständige _____ zu
Streitigkeiten: Er hatte sich das im Süden von
Wien liegende Jagdschloss _____

als Rückzugsort für seine heimlichen Treffen mit der Adligen
_____ gekauft. Am 30. Januar 1889 versuchte sein
Kammerdiener vergeblich, den Kronprinzen durch lautes Klopfen an
der Tür zu wecken. Da die Tür von innen verriegelt war, wurde
beschlossen, die Tür aufzubrechen. Daraufhin fand der Kammerdiener den Kronprinzen Rudolf und seine Geliebte Mary Vetsera tot
auf dem Bett liegend. Der Kronprinz hatte erst seine Geliebte und
dann sich selbst _____.

Kronprinz Rudolf

Mary Vetsera

Unter großer Anteilnahme der Bevölkerung fand drei Tage später
das Begräbnis des Kronprinzen Rudolf in _____ statt.
Die Existenz seiner Geliebten und deren Tod sollte auf Anweisung
des _____ jedoch verschwiegen werden. Ihre Leiche
wurde zunächst versteckt und dann eines Nachts heimlich aus dem
Jagschloss nach _____ , einem Kloster, gebracht, wo
sie begraben wurde.

| Mayerling | Wiener Hofes | Mary Vetsera | Heiligenkreuz |
| Wien | erschossen | Kronprinz | Untreue |

1. Höre einen Auszug aus Beethovens 9. Sinfonie und die Europahymne und vergleiche sie miteinander. Trage deine Ergebnisse in die Tabelle ein.

	Auszug aus Beethovens 9. Sinfonie	**Europahymne**
Besetzung		
Klang-charakter		
Dynamik		
Tempo		
Wirkung		

2. Vergleiche deine Ergebnisse mit einem Partner.

3. Informiere dich im Internet oder Musiklexikon über die Variant-Tonart. Fülle dann den Lückentext aus.

Variant-Tonarten beginnen mit den _____ Grundtönen (_____

einer _____). So ist ihr Name in Dur oder _____ gleich. Beispiel:

Die Variant-Tonart von D-Dur ist _____.

Tonleiter   Moll   d-Moll   gleichen   Anfangston

4. Schreibe den Anfang der „Ode an die Freude" in der Variant-Tonart auf. Informiere dich dazu im Schülerbuch auf den Seiten 228 und 229. Spiele oder singe beide Melodien.

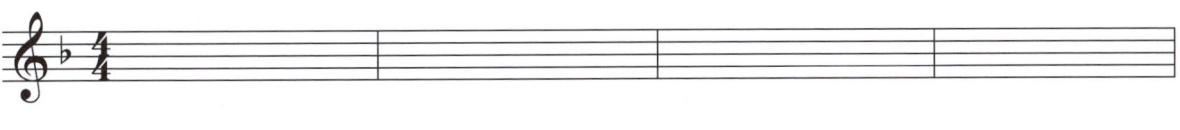

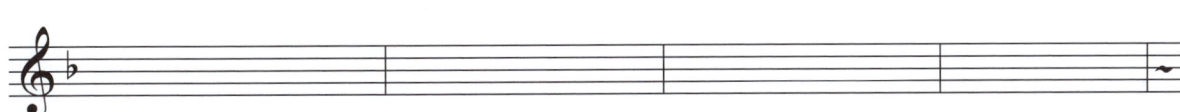

1. Vervollständige die Tabelle. Achte bei den Tönen auf die richtige Reihenfolge.

Dur-Tonart	Anzahl der Vorzeichen	Töne
G-Dur	_____	fis
_____	4 ♭	_____
A-Dur	_____	_____
_____	5 #	_____
Des-Dur	_____	_____
_____	_____	b, es

2. Schreibe die passende Tonart unter die vorgegebenen Vorzeichen.

_____ _____ _____ _____

3. Notiere auf den Notenlinien die zur vorgegebenen Tonart gehörenden Vorzeichen. Achte dabei auf die richtige Reihenfolge der Vorzeichen.

Ges-Dur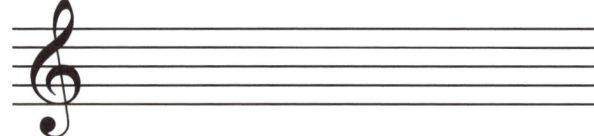

4. Für Profis: Notiere die zur vorgegebenen Tonart gehörenden Vorzeichen im Bassschlüssel.

E-Dur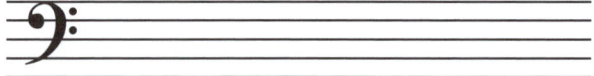

5. Transponiere die ersten vier Takte des Kanons „Singing All Together" auf Seite 4 im Schülerbuch nach F-Dur.

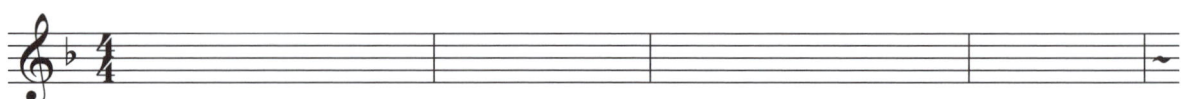

1. Höre die Variationen von „The Young Person's Guide To The Orchestra" von Benjamin Britten und schreibe auf, in welcher Reihenfolge die Instrumente ihre Variationen spielen.

2. Höre dann die Fuge des Orchesterstücks und schreibe auf, in welcher Reihenfolge die Instrumente in der Fuge einsetzen.

Variation	Instrument	Fugen-einsatz	Instrument
A	_____	A	_____
B	_____	B	_____
C	_____	C	_____
D	_____	D	_____
E	_____	E	_____
F	_____	F	_____
G	_____	G	_____
H	_____	H	_____
I	_____	I	_____
J	_____	J	_____
K	_____	K	_____
L	_____	L	_____
M	_____	M	_____

3. Überlege, warum die Instrumente die Variationen in dieser Reihenfolge spielen.

_____

_____

_____

4. Vergleiche die Reihenfolge der Fugeneinsätze mit der Reihenfolge der Instrumente, die die Variationen spielen. Beachte dabei besonders den Einsatz der Blasinstrumente. Was fällt dir auf?

_____

_____

_____

Stellt die Flucht der Sklaven vom Festland durch das Meer auf die Insel mithilfe der folgenden Arbeitsschritte tänzerisch dar:

A   Sieh dir die Begriffe und Themen zu Festland, Meer und Insel an und ergänze sie um mindestens drei Ideen, die dir dazu einfallen.

B   Suche dir aus jedem Bereich einen Begriff aus, den du dann tänzerisch darstellen willst, und umkreise ihn.

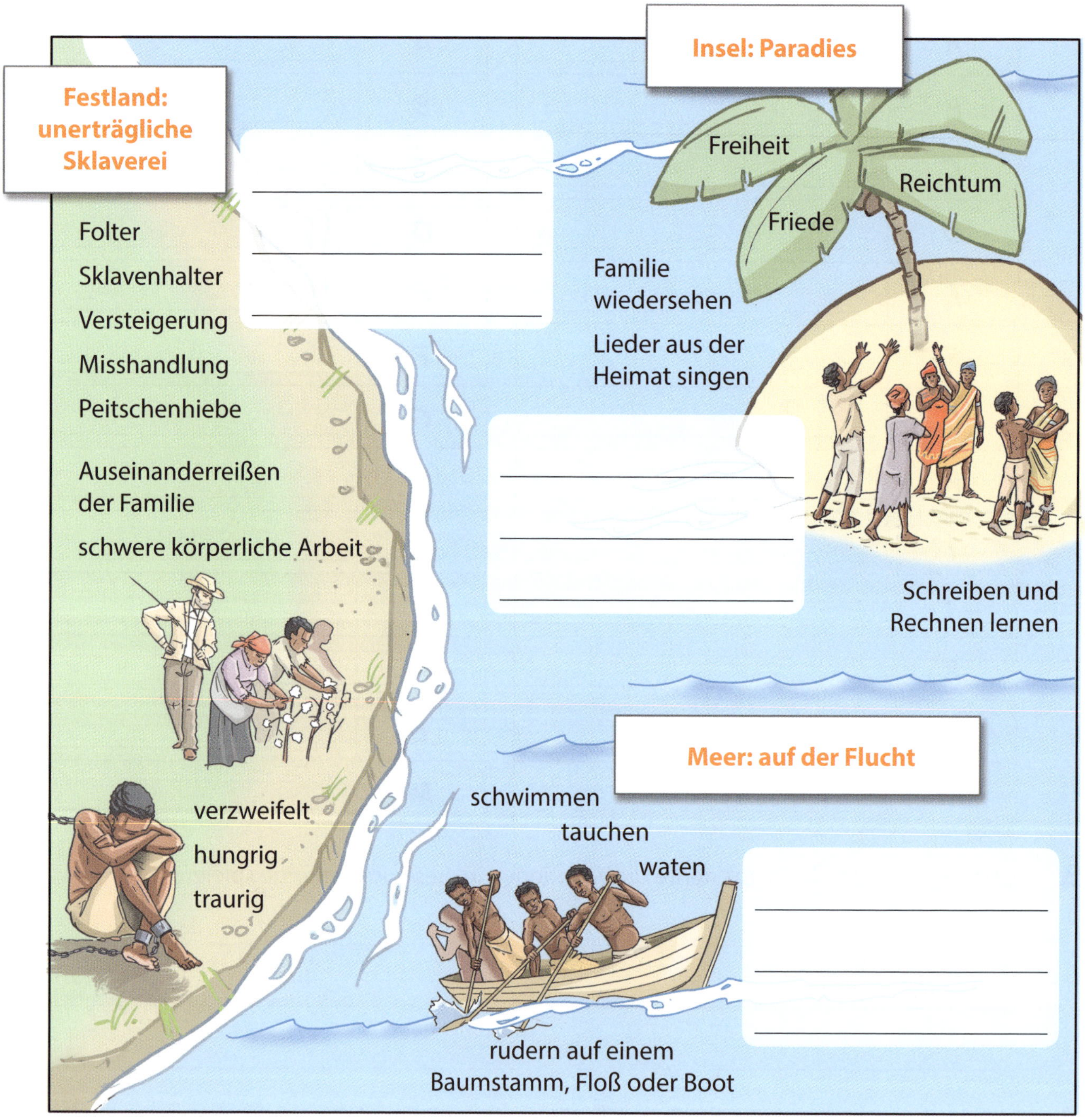

Insel: Paradies

Festland: unerträgliche Sklaverei

Freiheit

Reichtum

Friede

Folter

Sklavenhalter

Versteigerung

Misshandlung

Peitschenhiebe

Auseinanderreißen der Familie

schwere körperliche Arbeit

Familie wiedersehen

Lieder aus der Heimat singen

Schreiben und Rechnen lernen

Meer: auf der Flucht

schwimmen

tauchen

waten

verzweifelt

hungrig

traurig

rudern auf einem Baumstamm, Floß oder Boot

C   Bildet Fünfergruppen und tauscht euch über eure Ideen aus. Überlegt, wie ihr einen Begriff unterschiedlich darstellen könnt, falls er mehrfach gewählt wurde.

D   Probiert eure Ideen zum Song „Wade in the Water" aus.

E   Präsentiert euch gegenseitig eure Ergebnisse und tauscht euch darüber aus.

1. Spielt den „All Blues" von Miles Davis auf Instrumenten eurer Wahl.

All Blues

Miles Davis

2. Recherchiere im Internet zum „All Blues" und vergleiche diesen mit dem „Backwater Blues".

3. Finde Unterschiede und Gemeinsamkeiten zwischen den Bluesstücken und schreibe sie auf.

Merkmale	Backwater Blues	All Blues
Taktart		
Anzahl der Takte		
Harmonien		
Rhythmik		

Ordne die Namen bekannter Rockn'n' Roll-Sänger den Fotos zu. Recherchiere hierfür auch im Internet oder in der Bücherei.

Elvis Presley

Chuck Berry

Bill Haley

Little Richard

Fats Domino

Jerry Lee Lewis

Informiere dich im Schülerbuch und Internet über die Beatles und löse das Kreuzworträtsel.

A: Welche Musik diente den Beatles als Vorbild?
B: Wie heißt die Geburtsstadt der Beatles?
C: In welcher deutschen Stadt hatten sie ihre ersten Auftritte?
D: In welchem deutschen Club traten sie zuerst auf?
E: Wie wurden die Beatles aufgrund ihrer Frisuren in Deutschland auch genannt?
F: Wie hieß einer ihrer frühen Hits?
G: Wie heißt der Schlagzeuger mit Vornamen?
H: In welchem Club ihrer Heimatstadt traten die Beatles auf?
I: Wie hieß der Produzent der Beatles mit Nachnamen?
J: In welchem berühmten Studio entstanden viele Aufnahmen der Beatles?
K: Wie wurde das hysterische Verhalten der Fans bezeichnet?
L: Welcher berühmte Song enthält ein Streichquartett?
M: Wie hieß die Plattenfirma, die von den Beatles gegründet wurde?
N: Von welchem Land ließen sich die Beatles in den 1960er-Jahren beeinflussen?
O: Wie heißt die Ehefrau von John Lennon mit Vornamen?

1. Höre vier Hörbeispiele von Claude Debussy, Igor Strawinsky, Arnold Schönberg und John Cage und betrachte dabei die sechs Bilder A bis F.

*A Wassily Kandinsky:
Replica Composition VIII (1923)*

*B Theo van Doesburg:
Composition VII (1917)*

*C Mark Rothko:
Untitled (1957)*

*D John Constable:
Cloud Study: Stormy Sunset (1822)*

*E Franz Marc:
Tierschicksale (1913)*

*F Franz Kline:
Untitled (1952)*

2. Ordne jedem Komponisten ein Bild zu, das zum jeweiligen Hörbeispiel passt, und begründe deine Auswahl.

Claude Debussy, Bild: _____

_____

_____

Igor Strawinsky, Bild: _____

_____

_____

Arnold Schönberg, Bild: _____

_____

_____

John Cage, Bild: _____

_____

_____

1. Überlege dir Varianten des Salsa-Grundschrittes und baue auch Drehungen oder Sprünge mit ein. Skizziere deine Schrittfolgen und beschreibe sie.

Salsa-Grundschritt: Variante 1

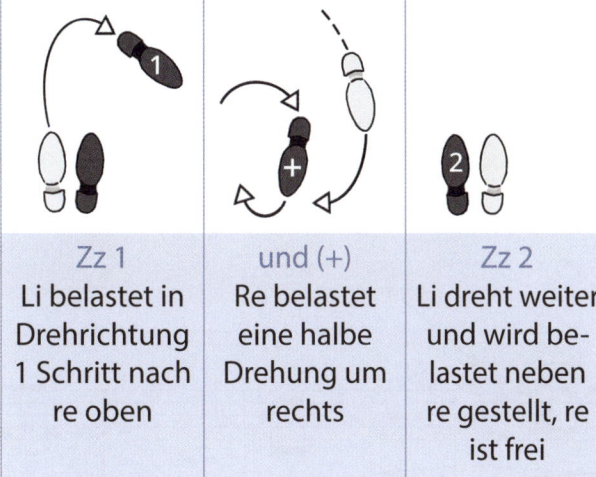

Zz 1	und (+)	Zz 2	Zz 3	+	Zz 4
Li belastet in Drehrichtung 1 Schritt nach re oben	Re belastet eine halbe Drehung um rechts	Li dreht weiter und wird belastet neben re gestellt, re ist frei	_____ _____ _____ _____	_____ _____ _____ _____	_____ _____ _____ _____

Salsa-Grundschritt: Variante 2

Zz 1	+	Zz 2	Zz 3	+	Zz 4
_____ _____ _____ _____	_____ _____ _____ _____	_____ _____ _____ _____	_____ _____ _____ _____	_____ _____ _____ _____	_____ _____ _____ _____

2. Erfinde Armbewegungen zu deinen Schrittfolgen und skizziere und beschreibe sie ebenfalls.

Zz 1 – 4	Zz 5 6 7 8	Zz
Beide Arme seitlich gestreckt nach oben führen	Beide Arme seitlich eng am Körper nach unten führen	_____ _____ _____ _____

3. Tanze zu „Despacito" mit den vorgegebenen und eigenen Schrittfolgen und Armbewegungen.

Trage die Begriffe passend ein.

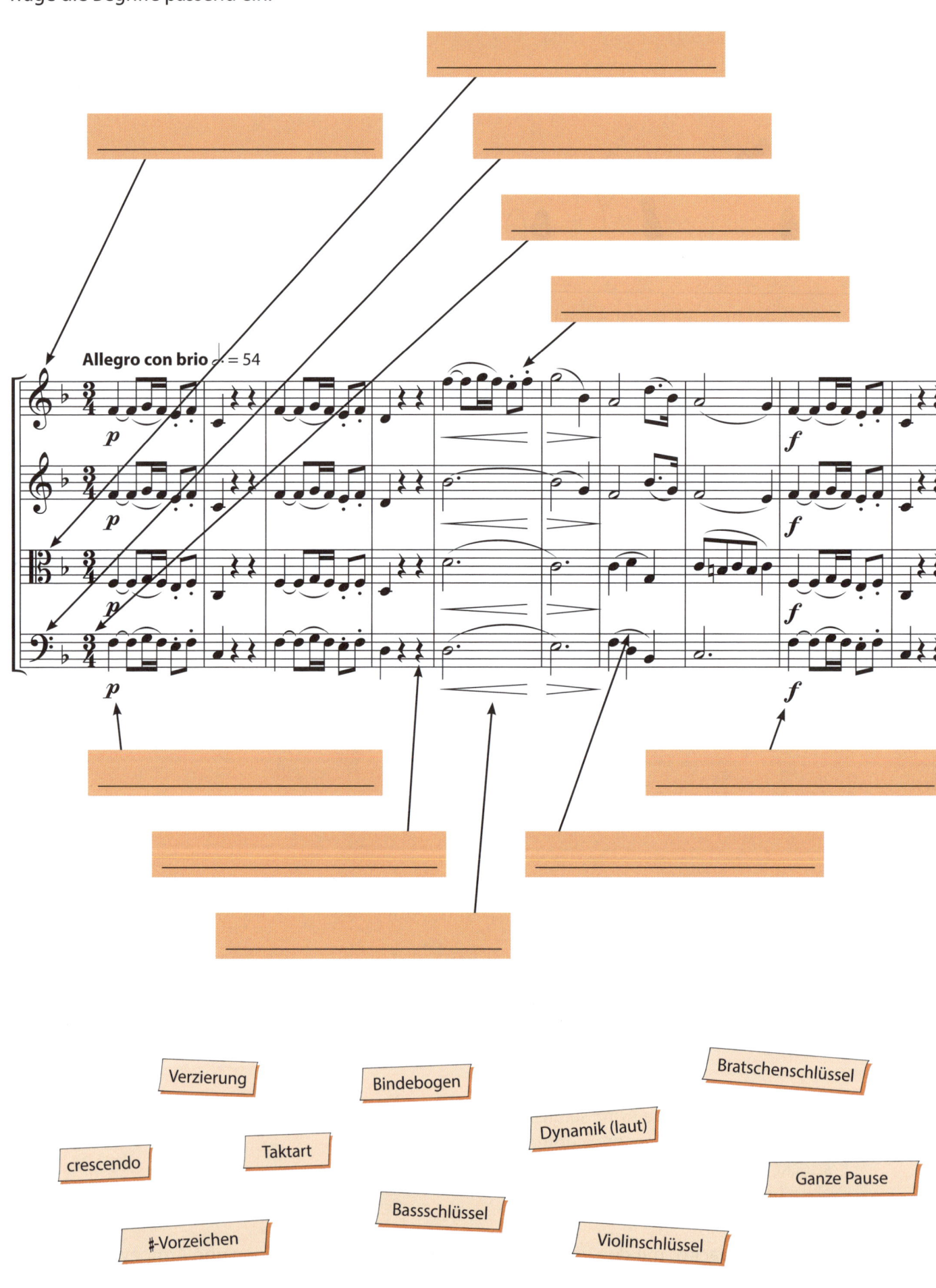

Verzierung

Bindebogen

Bratschenschlüssel

crescendo

Taktart

Dynamik (laut)

Ganze Pause

Bassschlüssel

#-Vorzeichen

Violinschlüssel

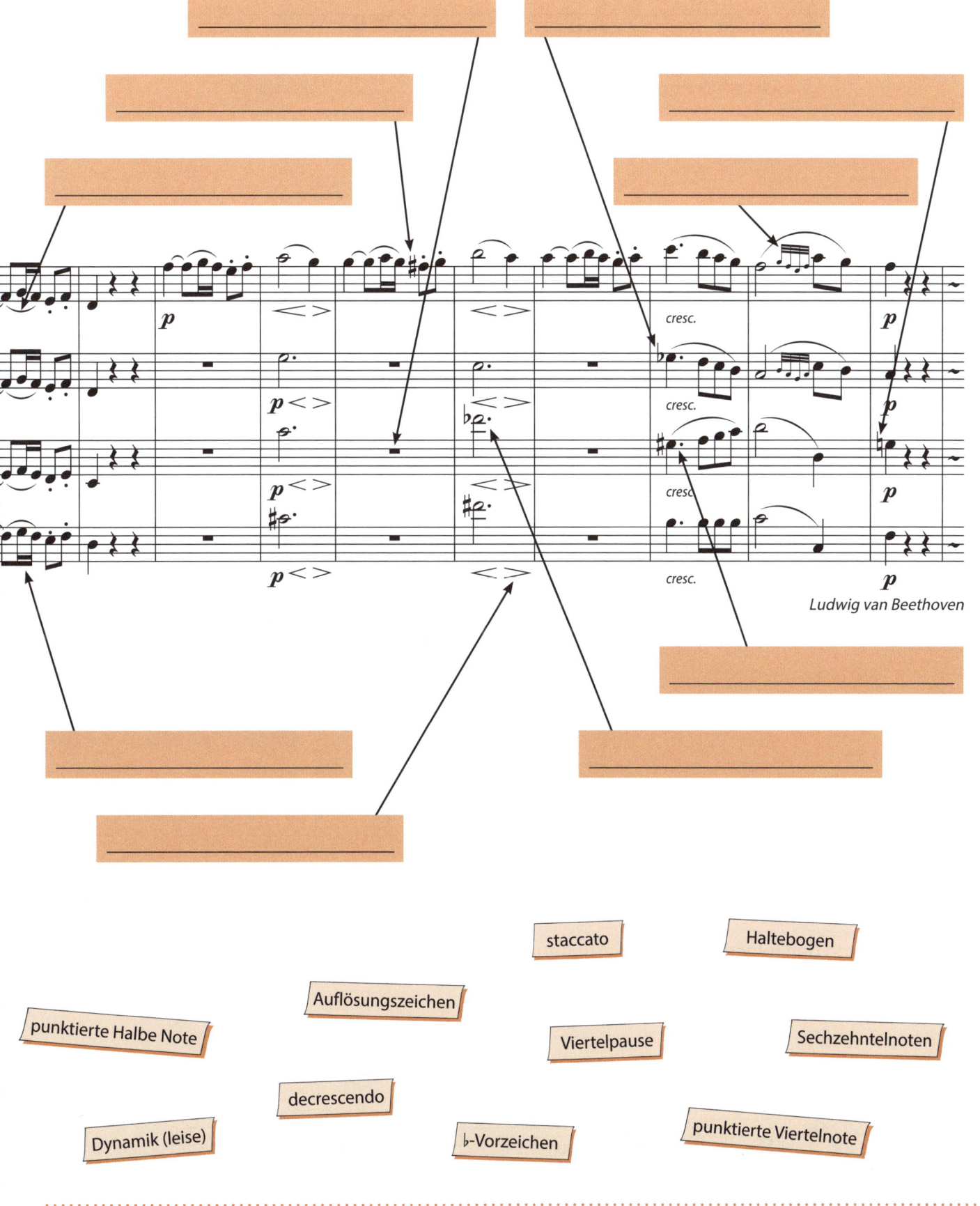

Ludwig van Beethoven

staccato

Haltebogen

Auflösungszeichen

punktierte Halbe Note

Viertelpause

Sechzehntelnoten

decrescendo

Dynamik (leise)

♭-Vorzeichen

punktierte Viertelnote

1. Trage die Noten und die Notennamen von Grundstellung, 1. Umkehrung und 2. Umkehrung ein.

Beispiel

g´	c´´	e´´
e´	g´	c´´
c´	e´	g´

Grundstellung　　　1. Umkehrung　　　2. Umkehrung

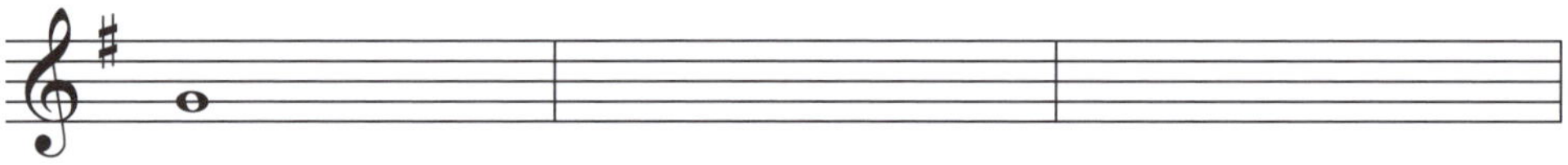

———　　　———　　　———

———　　　———　　　———

———　　　———　　　———

Grundstellung　　　1. Umkehrung　　　2. Umkehrung

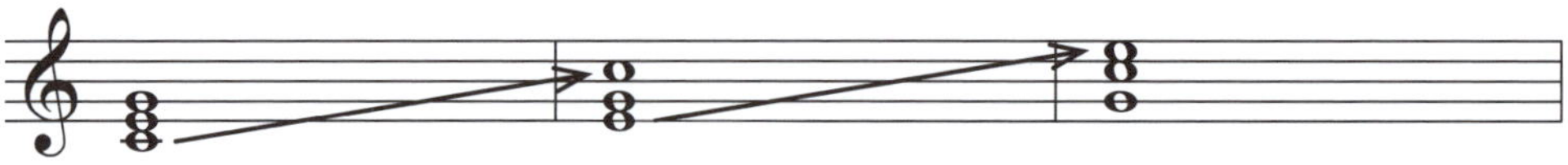

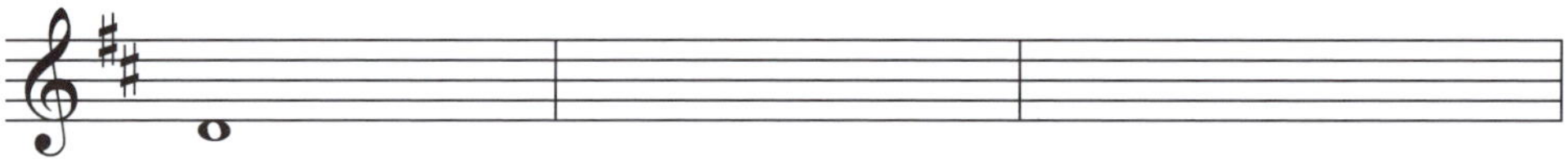

———　　　———　　　———

———　　　———　　　———

———　　　———　　　———

Grundstellung　　　1. Umkehrung　　　2. Umkehrung

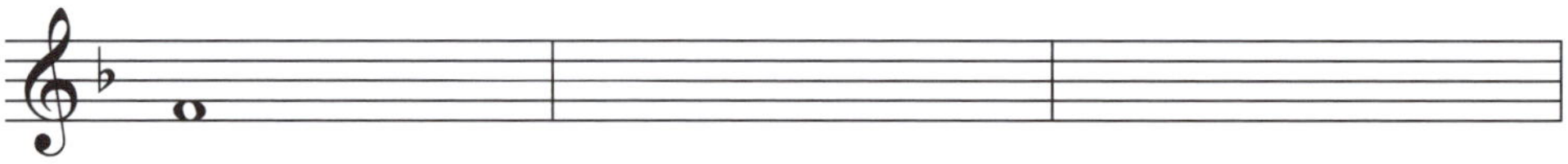

———　　　———　　　———

———　　　———　　　———

———　　　———　　　———

Grundstellung　　　1. Umkehrung　　　2. Umkehrung

2. Bilde, von den folgenden Tönen ausgehend, übermäßige Quarten (Tritoni) und trage auch hier sowohl die Noten als auch die Notennamen ein.

———　　　———　　　———

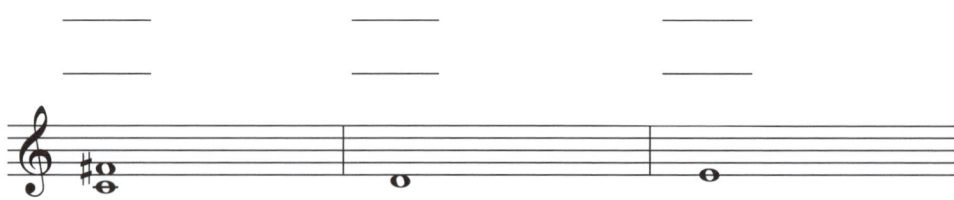